READING POWER
En Español

Trabajo en grupo

Brigadas aéreas contraincendios

Joanne Mattern

The Rosen Publishing Group's
Editorial Buenas Letras™
New York

Published in 2003 by The Rosen Publishing Group, Inc.
29 East 21st Street, New York, NY 10010

First Edition in Spanish 2003
First Edition in English 2002

Book Design: Erica Clendening

Photo Credits: Cover, pp. 4–19 © Mike McMillan/spotfireimages.com; pp. 20–21© Shmuel Thaler/IndexStock

Mattern, Joanne, 1963–
     Brigadas aéreas contra incendios / por Joanne Mattern; traducción al español: Spanish Educational Publishing
     p. cm. — (Trabajo en grupo)
     Includes bibliographical references (p.).
     ISBN 0-8239-6844-8 (lib. bdg.)
     1. Smokejumpers—Juvenile literature. [1. Smokejumpers. 2. Wildfire fighters. 3. Fire fighters. 4. Spanish Language Materials.] I. Title. II. Working together

     SD421.23 .M37 2001
     634.9'618—dc21
                                          2001000734

Manufactured in the United States of America

Contenido

Las brigadas aéreas
contraincendios   4

Manos a la obra   8

Acampar en el bosque   15

Glosario   22

Recursos   23

Índice/Número de
palabras   24

Nota   24

Las brigadas aéreas contraincendios

Las brigadas aéreas apagan incendios forestales grandes.

Estos bomberos saltan
sobre la zona del incendio
desde un avión.

Vestimenta protectora

Para no quemarse se ponen
vestimenta protectora.
También usan casco.

Manos a la obra

Los bomberos de las brigadas
aéreas caen cerca del incendio.
Llevan herramientas
para combatir el incendio.

Hacha de bombero

Los bomberos cortan ramas.
Las llevan a otra parte.

Después cavan una zanja.
Esta zanja es la línea de fuego.
El incendio no avanza porque
no encuentra nada para quemar.

Unos bomberos de las brigadas
aéreas manejan helicópteros.
Los helicópteros echan
mucha agua sobre el incendio.

Acampar en el bosque

Si el incendio no se apaga pronto,
los bomberos acampan cerca.
Arman sus tiendas de campaña.

Los bomberos descansan cuando el incendio está bajo control.

Van al campamento. Se sientan
a comer juntos.

Las provisiones de los bomberos llegan al bosque por helicóptero.

El trabajo de los bomberos de las brigadas aéreas es peligroso. Dependen de sus compañeros.

Los bomberos se protegen entre sí.
Trabajan juntos para salvar
nuestros hermosos bosques.

Glosario

brigada aérea contraincendios (la) cuerpo de bomberos que saltan desde aviones para apagar los incendios forestales

hacha de bombero (el) herramienta de los bomberos que se puede usar como hacha o como pico

helicóptero (el) vehículo aéreo que tiene una hélice arriba en lugar de alas

incendios forestales (los) incendios que arden en un bosque

línea de fuego (la) zona donde se quitan todas las cosas que se queman para evitar que avance un incendio

tiendas de campaña (las) refugios hechos de lona o nilón y postes que se pueden mover de un lugar a otro

Recursos

Libros

Smokejumper: Firefighter from the Sky
Keith Elliot Greenberg
Blackbirch Marketing (1995)

Fire in Their Eyes
Karen Magnuson Beil
Harcourt Brace & Company (1999)

Sitios web

Debido a las constantes modificaciones en los sitios de Internet, PowerKids Press ha desarrollado una guía on-line de sitios relacionados al tema de este libro. Nuestro sitio web se actualiza constantemente. Por favor utiliza la siguiente dirección para consultar la lista:

http://www.buenasletraslinks.com/tg/bainsp/

Índice

A

avión, 5

C

campamento, 17

casco, 7

H

hacha de bombero, 9

helicóptero, 12, 18

herramientas, 8

I

incendios forestales, 4

L

línea de fuego, 11

P

provisiones, 18

T

tiendas de campaña, 15

V

vestimenta protectora, 6–7

Z

zanja, 11

Número de palabras: 172

Nota para bibliotecarios, maestros y padres de familia

Si leer es un reto, ¡Reading Power en español es la solución! Reading Power es ideal para lectores hispanoparlantes que buscan un nivel de lectura accesible en su propio idioma. Ilustrados con fotografías, estos libros presentan la información de manera atractiva y utilizan un vocabulario sencillo que tiene en cuenta las diferencias lingüísticas entre los lectores hispanos. Relacionando claramente texto con imágenes, los libros de Reading Power dan al lector todo el control. Ahora los lectores cuentan con el poder para obtener la información y la experiencia que necesitan en un ameno formato completamente ¡en español!

Note to Librarians, Teachers, and Parents

If reading is a challenge, Reading Power is a solution! Reading Power is perfect for readers who want high-interest subject matter at an accessible reading level. These fact-filled, photo-illustrated books are designed for readers who want straightforward vocabulary, engaging topics, and a manageable reading experience. With clear picture/text correspondence, leveled Reading Power books put the reader in charge. Now readers have the power to get the information they want and the skills they need in a user-friendly format.